AF324480

EXPLICATION
DES PLANCHES

CONCERNANT

L'EXERCICE DE L'INFANTERIE,

Représentant l'exécution de ce qui est prescrit par l'ordonnance du 6 mai 1755; avec les différences qui font une fuite néceffaire de la nouvelle compofition des Bataillons, depuis l'augmentation ordonnée par celle du premier août fuivant.

A PARIS,
DE L'IMPRIMERIE ROYALE.

M. DCCLVI.

TABLE

Des Marques diſtinctives de chaque grade.

Colonel . . . . C.^{el}

Lieutenant - colonel . . . . L.^{ant}c.^{el}

Major . . . . M

Aide - major . . . . m

Capitaine C

Lieutenant L

Enſeigne ou Sous - lieutenant . . . E

Sergent . . . . S

Grenadiers . . . . 𝄞𝄞𝄞

Caporaux . . . . ▽▽▽

Soldats . . . . ▽▽▽

Tambour - major . . . . ✳

Tambours . . . . ×××

Les lignes ponctuées marquent le terrein qu'une troupe a occupé, ou celui qu'elle doit occuper, ou celui ſur lequel elle doit marcher.

Nota. *On avertit pour la plus grande préciſion, que comme les triangles qui repréſentent les Soldats, ont été exécutés dans les Planches à la meſure de dix-huit pouces de baſe ſur une perpendiculaire de même dimenſion, afin de remplir l'eſpace que chaque Soldat* doit occuper en tout fens, & que cependant le corps d'un homme ayant plus de largeur que d'épaiffeur, il doit fe trouver près d'un pied de diftance entre chaque Soldat d'une même file, il s'enfuit une petite inexactitude dans le deffein, à laquelle on n'a pû remédier, en ce que la profondeur de trois rangs ferrés fe trouve fur le papier de quatre pieds & demi, tandis qu'elle n'eft que de trois pieds & demi fur le terrein ; favoir, dix-huit pouces pour l'épaiffeur de trois hommes, & deux pieds pour les deux intervalles entre le premier & le fecond rang, & entre le fecond & le troifième ; & de même, quoique fix rangs n'occupent réellement que huit pieds, dont trois pieds pour l'épaiffeur de fix hommes, & cinq pieds pour les cinq intervalles des rangs, ils font néanmoins repréfentés tenir neuf pieds.

EXPLICATION

EXPLICATION DES PLANCHES

CONCERNANT

L'EXERCICE DE L'INFANTERIE.

PLANCHE I.re

Repréſentant un Soldat dans l'attitude qu'on doit donner à ceux de recrue pour leur apprendre à ſe bien tenir & à marcher ſans armes.

PAGES
de l'Ordonnance
du 6 Mai 1755.

LE corps doit être à plomb, la tête droite, les épaules effacées, les bras tombant perpendiculairement le long du corps, la paume de la main en dehors, les talons à environ deux pouces de diſtance, & les pointes des pieds tournées en dehors.

11.

PLANCHE II.

Repréſentant les différens pas.

A . . . . FIGURE du pas ordinaire, qui eſt de deux pieds meſurés d'un talon à l'autre, & la durée d'une ſeconde, de ſorte qu'on en doit faire ſoixante en une minute.

11, 45 & 46.

> Nota. *Le pas redoublé eſt le même que le pas ordinaire, la ſeule différence eſt qu'on doit faire deux pas redoublés en une ſeconde.*

B . . . . Figure du petit pas qui eſt d'un pied d'un talon à l'autre, & doit être fait en une ſeconde.

B

Nota. *Tous ces pas se font en partant du pied gauche.*

PLANCHE III.

Représentant trois Soldats avec leurs armes.

PLANCHE IV.

Représentant la manière de former les compagnies dans les rues d'un camp tracé suivant les proportions prescrites pour le campement par l'Ordonnance du 17 février 1753.

Nota. *Dans cette figure, & dans toutes*

les autres, on a supposé les Compagnies à trente-trois Fusiliers, deux Sergens & un Tambour, sans compter les Soldats de piquet.

B . . . . Ces mêmes compagnies divisées en trois parties, de onze hommes chacune, y compris deux Caporaux sortis des rangs pour former la première file sur le flanc du peloton.   19.

C . . . . Exécution du premier commandement, auquel la deuxième & la troisième division de chaque compagnie font à droite ou à gauche, selon le côté par lequel la compagnie est formée.   20.

D . . . . Exécution du deuxième commandement, auquel la première division ayant marché deux pas en avant, les deux autres viennent se mettre derrière elle, la troisième se jetant un peu de côté pour se placer entre la première & la seconde.

E . . . . Exécution du troisième commandement, auquel les deux dernières divisions des compagnies font à gauche ou à droite pour faire face du même côté que leur premier rang.

F . . . . Mouvement par lequel les deux compagnies se mettent en colonne par un à droite & un à gauche pour sortir du camp.

G . . . . Position des deux compagnies hors de l'alignement des faisceaux dans le lieu où elles doivent commencer à se jeter sur la droite & sur la gauche.   20 & 21.

B ij

H, H....   Lieux où les compagnies doivent s'arrêter & faire à gauche & à droite pour se faire face.   20 & 21.

I........   Peloton formé par la réünion des deux compagnies qui ont fait un quart de conversion à droite & à gauche.

PLANCHE V.

Repréſentant la conduite des drapeaux par le piquet.

A.......   Piquet formé à la gauche du bataillon.   15, 16 & 18.

B.......   Les Enſeignes, Sergens & Tambours d'un régiment de quatre bataillons joints au piquet pour aller chercher les drapeaux.   21.

C.......   Marche du piquet à rangs ouverts pour aller chercher les drapeaux.   22.

D.......   Marche du piquet amenant les drapeaux au régiment.

PLANCHE VI.

Repréſentant la formation d'un bataillon, ſuivant l'ordre des compagnies & des pelotons.

A.......   Bataillon ſur trois rangs ouverts, rangé en bataille par la droite.   14 & 15.

    Diſtance de ſix pas entre les rangs.   47 & 51.

    Places des Officiers à la tête de leurs troupes & des Sergens dans les rangs.   15.

    Places des Enſeignes & de leurs Sergens.   19 & 23.

    Places des Tambours.   25.

BATAILLON

Nota. *On a mis par-tout le nombre des Officiers & des Sergens complet, quoiqu'il y en ait de détachés au piquet.*

PLANCHE VII.

Repréſentant la poſition du bataillon pour l'inſpection & pour le maniement des armes.

fur trois rangs ouverts, à quatre pas de diftance.

47 & 48.

> *Nota. Quand les bataillons rompus en colonne, ouvrent leurs rangs, les divifions doivent conferver entre leur premier rang & le dernier de la divifion qui précède, le même intervalle qui étoit entre ces divifions lorfque leurs rangs étoient ferrés: cependant s'il y avoit moins de dix pas, la colonne s'alongeroit pour prendre cette diftance.*

Places des Grenadiers & du piquet.

50.

Places des Officiers, deux pas devant le premier rang de leur troupe, excepté les Lieutenans des Grenadiers & de piquet, qui reftent derrière la leur en ferre-file.

16, 48 & 59.

Places des Enfeignes & de leurs Sergens.

24.

Places des Tambours à la droite du premier rang des Grenadiers, & à la gauche du dernier rang du piquet; obfervant que les Tambours des compagnies des Grenadiers & des piquets, ne doivent jamais quitter leur troupe.

B .... Bataillon en colonne par pelotons fur trois rangs ouverts, à deux pas de diftance, le Commandant de chaque divifion en prenant la tête, & les autres Officiers étant à la droite & à la gauche de leur compagnie.

48 & 59.

C .... Bataillon en colonne par pelotons fur trois rangs ferrés, prêt à fe mettre en bataille par un quart de converfion à gauche.

24 & 25.

C ij

D........ Le même bataillon arrivant par la droite sur le terrein où il se met en bataille, chaque division faisant successivement le quart de conversion à droite.

25.

E........ Bataillon en colonne par quart de rang sur six de hauteur, les rangs ouverts à deux pas de distance, les Officiers à deux pas du premier rang de chaque division, & à même distance des Officiers de serre-file de la division précédente, qui sont collés à son dernier rang.

48.

PLANCHE XI.

Représentant la manière de faire le quart de conversion en marchant en colonne.

49.

Figure 1.re

A........ DEUX pelotons rompus sur trois rangs serrés de vingt-quatre files, y compris les deux Sergens, ayant chacun trente-six pieds de front, à raison de dix-huit pouces par hommes.

B........ Premier peloton qui a ouvert ses rangs en avant, le premier rang ayant fait huit pas, & le second quatre pas.

51.

> Nota. *Le premier rang du second peloton ne doit partir, pour ouvrir les rangs, qu'en même temps que le troisième rang du premier peloton se met en mouvement pour marcher, afin de conserver toûjours la même distance entre eux, qui est d'environ trente-deux pieds, déduction faite de l'épaisseur des trois rangs.*

C........ Position du premier peloton, lorsqu'on lui fait le commandement de serrer ses rangs, ce qu'il exécute, le dernier rang faisant

49.

faifant feize pas redoublés, pendant que le premier continue de faire huit pas ordinaires.

49.

D . . . . Quart de converfion qui doit s'exécuter au pas redoublé, après lequel le peloton doit avancer tout de fuite de trois pas ordinaires, afin de dégager le lieu du pivot.

E . . . . Mouvement que fait le peloton après le quart de converfion pour ouvrir fes rangs, au pas ordinaire.

F . . . . Terrein que le fecond peloton doit parcourir pour arriver à l'endroit où il commence à pivoter, en même temps que le premier peloton finit de r'ouvrir fes rangs pour continuer de marcher ; après quoi ce fecond peloton fait à fon tour le quart de converfion ; & ayant r'ouvert fes rangs, il fe trouve à la même diftance du premier peloton qui a continué de marcher.

Figure 2.

A . . . . Deux fections rompues fur trois rangs ferrés de douze files, y compris un Sergent, ayant chacune dix-huit pieds de front.

B . . . . Première fection qui a ouvert fes rangs à quatre pas de diftance.

Nota. *Le premier rang de la feconde fection ne doit partir que quand il fe trouve dix pas de diftance entre lui & le dernier rang de la fection précédente.*

50.

C, D, E. Comme à la première figure.

Figure 3.

A . . . . Deux pelotons rompus fur trois rangs (les Officiers étant fur les flancs) qui ont ouvert leurs rangs en même temps à deux

D

pas de diſtance, moyennant quoi l'intervalle du premier rang du ſecond peloton
au dernier rang du premier, eſt d'environ
vingt-quatre pieds.

B . . . .   Poſition du premier peloton lorſqu'on   49.
lui fait le commandement de ſerrer ſes
rangs, ce qu'il exécute, le dernier rang
faiſant huit pas redoublés, pendant que le
premier continue de faire quatre pas ordinaires.

C . . . .   Quart de converſion, qui s'exécute
comme à la première figure.

D . . . .   Mouvement que fait le peloton qui a
tourné pour ouvrir ſes rangs.

Figure 4.

A . . . .   Deux quarts de rang de bataillon rompus, à ſix de hauteur, ayant vingt-deux
files de front, qui font trente-trois pieds,
& environ vingt-cinq pieds d'intervalle
entre le premier rang de la ſeconde diviſion, & le dernier rang de la première.

B . . . .   Première diviſion qui a ouvert ſes rangs
à deux pas de diſtance, le premier rang
ayant fait dix pas en avant.

*Nota. Comme en ouvrant les rangs, les
Officiers doivent s'éloigner de deux pas du
premier rang de leur diviſion, & garder
deux autres pas entr'eux & les Officiers
de ſerre-file de la diviſion précédente, qui
reſtent collés au dernier rang; il eſt néceſ-
ſaire que les Officiers de la ſeconde diviſion (qui dans cette figure eſt d'un quart
de rang de vingt-deux files de front) partent en même temps que le ſecond rang de
la première diviſion; mais ſi les diviſions
étoient plus fortes, il faudroit que ces
Officiers partiſſent, ou avec le premier rang,
ou en même temps que les Officiers de la*

première division ; de même que si leur
front étoit moins étendu, ces Officiers de-
vroient partir avec le troisième, le quatrième,
le cinquième ou le sixième rang de la première
division, & même plus tard s'il étoit né-
cessaire pour prendre les distances prescrites.

49.

C........ Position de la première division lorsqu'on lui fait le commandement de serrer
ses rangs, ce qu'elle exécute, le dernier
rang faisant vingt pas redoublés, pendant
que le premier continue d'avancer de dix
pas ordinaires.

D....... Quart de conversion qui doit s'exécuter au pas redoublé, après lequel on
doit avancer tout de suite de six pas ordinaires, afin que les six rangs dépassent
le lieu du pivot.

E........ Après quoi ils ouvrent leurs rangs.

PLANCHE XII.

Représentant le doublement & le dé-
doublement des files d'un
bataillon en avant.

53.

A........ BATAILLON en bataille sur trois rangs
serrés, dont les quarts de rang des aîles
de chaque peloton, sont désignés par des
hachures.

B........ Exécution au second commandement
pour ouvrir les rangs.

C........ Exécution au quatrième commandement pour doubler les rangs des pelotons.

Nota. *Pour éviter la confusion, on n'a*
exprimé en ponctuation que le mouvement
du premier rang, celui des deux autres
rangs devant être le même.

D ij

D ...... Exécution du septième commandement, auquel les pelotons marchent le pas
oblique fur un angle de 45 degrés, pour
fe refferrer fur le centre; & à mefure
qu'ils fe joignent, ils marchent le petit pas
en avant.

53.

E .... Bataillon doublé à fix de hauteur.

F .... Dédoublement des deux pelotons du
centre au fecond commandement, tout le
bataillon marchant le pas oblique fur le
même angle de 45 degrés, moitié par la
droite, & moitié par la gauche.

54.

> Nota. *On n'a auffi exprimé que le dé-
> doublement des deux premiers rangs, pour
> éviter la confufion, le troifième rang fe
> dédoublant de même avec le quatrième, &
> le cinquième avec le fixième.*

G, G.... Dédoublement du cinquième & du
fixième peloton, pendant lequel les deux
pelotons du centre, qui ont dédoublé,
marchent le petit pas en avant, & le refte
du bataillon continue de marcher le pas
oblique.

H, H.... Dédoublement du troifième & du quatrième peloton, pendant lequel les quatre
pelotons qui ont dédoublé, marchent le
petit pas en avant, & le refte du bataillon
fait toûjours le pas oblique.

I, I ..... Dédoublement du premier & du fecond
peloton, pendant lequel les fix pelotons
du centre marchent le petit pas en avant,
& les Grenadiers & le piquet continuent
de faire le pas oblique.

K .... Bataillon dédoublé & aligné fur trois
rangs.

PLANCHE XIII.

A

B

C

PLANCHE XIII.

Repréſentant plus en détail l'opération du doublement & du dédoublement des files des deux pelotons du centre du bataillon.

A........ POSITION deſdits pelotons ſur trois rangs avant le premier commandement.   53.

B....... Marche du premier rang de deux pas ordinaires, & du ſecond rang d'un pas, au deuxième commandement.

C....... Marche au 4.ᵉ commandement.

Les quarts de rang des aîles de chaque peloton, l'un de ſix & l'autre de cinq hommes, qui ſont diſtingués par des ha-chures, font deux pas en avant, & enſuite ſe rejoignent par le pas oblique à droite & à gauche, pendant que les quarts de rang du centre des pelotons marchent le petit pas en avant pour ſe placer derrière ceux des aîles de leur rang, & alors les Officiers & Sergens prennent leur place à la tête & à la queue des pelotons.

> Nota. *On n'a auſſi exprimé dans cette planche que la manœuvre du premier rang, qui eſt la même pour les autres.*

D....... Ces pelotons réunis par le pas oblique qu'ils font au ſeptième commandement.

E....... Mouvement pour dédoubler les pelo-tons au ſecond commandement.   54.

Les premier, troiſième & cinquième

E

rangs des quinzième & seizième compagnies, qui sont de cinq hommes chacun, ayant fait deux pas obliques; savoir, ceux de la quinzième compagnie à droite, & ceux de la seizième compagnie à gauche, & ensuite sept petits pas en avant pendant que le reste des deux pelotons fait neuf pas obliques à droite & à gauche, les deuxième, quatrième & sixième rangs des mêmes compagnies se trouvent découverts; ce qui est représenté sur la ligne (a) pour les deux premiers rangs seulement, & alors ils rejoignent ceux des rangs impairs par un pas ordinaire.

Ces dix hommes de front ayant marché neuf autres petits pas en avant, de même que les rangs pairs des septième & huitième compagnies, & les rangs impairs de ces mêmes compagnies ayant fait autant de pas obliques à droite & à gauche, les pelotons se trouvent entièrement dédoublés sur la ligne (a, a) où l'on n'a exprimé que le premier rang entier dédoublé, derrière lequel les deux autres doivent se trouver, ayant fait les mêmes mouvemens que le premier.

On voit par cette figure que ces deux pelotons se trouvent dédoublés en dix-huit pas, & conséquemment que tout le bataillon doit l'être en soixante-douze pas.

Nota. En faisant faire deux pas obliques aux quarts de rangs des quinzième & seizième compagnies, avant de marcher le petit pas en avant, on ouvre le centre du bataillon de quatre pieds, ce qui est un pëu trop pour placer deux rangs d'Officiers; pour y remédier, le Major commandera à ces Soldats de faire ces pas un peu plus courts, afin de ne s'ouvrir que d'un pied & demi de chaque côté, ou bien, il fera faire deux pas obliques au quart de rang de la quinzième compagnie, & un seulement à celui de la seizième; quant aux autres pelotons ils doivent commencer leurs dédoublemens en faisant faire trois pas obliques à leurs quarts de rang qui font dans la même position avant qu'ils marchent en avant, afin de laisser trois pieds entre les dernières files de chaque peloton pour y placer deux files d'Officiers.

PLANCHE XIV.

Repréſentant le doublement & le dédoublement des files d'un bataillon ſur le même alignement.

A........ BATAILLON rangé ſur trois rangs ſerrés.

B........ Exécution du 3.ᵉ commandement, en conſéquence duquel dans les demi-rangs des compagnies qui font aux aîles des pelotons, le premier rang marche trois pas en avant, le deuxième rang deux pas, & le troiſième un pas. Dans les demi-rangs de compagnie qui font au centre des pelotons, le premier rang marche deux pas, le deuxième un pas, & le troiſième ne bouge.   55 & 56.

C........ Exécution du 4.ᵉ commandement, auquel la moitié du bataillon de la droite fait à gauche, & l'autre moitié fait à droite.

D........ Exécution du 5.ᵉ commandement, auquel les pelotons ſe doublent, les demi-

E ij

rangs du centre marchant le pas ordinaire, & les demi-rangs des aîles des premières compagnies de chaque peloton le pas redoublé, jusqu'à ce qu'ils aient joints les demi-rangs des aîles des dernières compagnies qui n'auront bougé.

E, F, G.   Continuation du même mouvement où l'on voit les pelotons qui font face en tête à mesure qu'ils se réunissent pendant que les autres achèvent de se resserrer sur le centre au pas ordinaire.

H.......   Le bataillon doublé à six de hauteur.

I........   Exécution du 2.ᵉ commandement pour dédoubler les files, la droite du bataillon faisant à droite, & la gauche faisant à gauche.   *56 & 57.*

K.......   Exécution du 3.ᵉ commandement qui marque le dédoublement des septième & huitième pelotons, dont les rangs de demi-compagnies s'arrêtent à mesure qu'ils sont découverts, le reste du bataillon continuant de marcher devant soi.

L, M, N.   Continuation du même mouvement où l'on voit les pelotons faisant face en tête & serrant leurs rangs successivement à mesure qu'ils se trouvent dédoublés.

O.......   Fin du mouvement où tout le bataillon se trouve en bataille sur trois rangs serrés.

Nota. *Toutes les figures de cette planche & de la suivante sont supposées être sur la même ligne.*

PLANCHE XV.

PLANCHE XV.

Repréſentant plus en grand l'opération 55, 56 & 57.
*du doublement & du dédoublement
des deux pelotons du centre du bataillon ſur le même alignement.*

Outre que cette Planche eſt plus diſ-
tincte que la précédente, on y a marqué
les endroits où chaque quart de rang de
peloton ſe découvre ſucceſſivement en
dédoublant, & fait halte au commandement
de l'Officier.

PLANCHES XVI & XVII.

Repréſentant la colonne d'attaque de 65.
deux bataillons.

Celle qui a été preſcrite par l'Ordonnance pour les bataillons de douze compagnies devoit avoir trois pelotons de front,
& trente-ſix hommes de profondeur en
trois ſections.

On l'exécutera ſur le même front de
deux pelotons avec des bataillons de ſeize
compagnies quand ils ſeront complets, ou
qu'ils approcheront du complet; & alors
la colonne aura quarante-huit hommes de
profondeur en quatre ſections, ainſi qu'il
eſt exprimé dans la planche XVI;

SAVOIR,

A, A.... Terrein ſur lequel les deux bataillons
étoient en bataille ſur ſix rangs avant de
faire rentrer les piquets.

B, B.... Terrein ſur lequel les pelotons s'avancent 66.

F

ſucceſſivement au 3.ᵉ commandement faiſant huit pas redoublés en commençant par
ceux des aîles, & après avoir fait à droite
& à gauche longent le front du bataillon,
juſqu'à ce que s'étant joints ils font face
en tête par un autre à droite & à gauche,
& marchent en avant; à l'exception des
deuxièmes pelotons qui font à droite & à
gauche ſur le même terrein pour prendre
la queue de la colonne.

C , C .... Grenadiers qui ſe rapprochent du centre
à meſure que les pelotons marchent en
avant.

D ...... Peloton ſurnuméraire formé de ce qui
reſte de Soldats après avoir égaliſé les
pelotons, ayant à ſa droite & à ſa gauche
les Tambours de chaque bataillon.

E .... Colonne formée ſur deux pelotons de
front, & huit de profondeur, diviſée en
quatre ſections de quatre pelotons chacune,
diſtantes de quatre pas l'une de l'autre, ainſi
que le peloton ſurnuméraire placé à la
queue de la colonne.

F , F ..... Compagnies de Grenadiers ſur les flancs
de la dernière diviſion de la colonne.

> Nota. *Les pelotons de cette colonne ont*
> *douze hommes de front à cauſe de l'aug-*
> *mentation des Soldats de piquet que l'on*
> *fait rentrer dans les compagnies pour la*
> *former.*

Cᴏᴍᴍᴇ la colonne auroit trop de profondeur à quarante-huit hommes, eu égard
à ſon front, ſi les bataillons étoient foibles,
en ce cas on la formera ſur trois pelotons
de front, en laiſſant ſubſiſter les piquets

qu'on égalifera avec les pelotons, afin de conferver par ce moyen la profondeur de trente-fix hommes qui a été fixée par l'Ordonnance comme la plus convenable; c'eft ce que repréfente la planche XVII.

SAVOIR,

A, A....   Terrein fur lequel deux bataillons fuppofés à cinq cens Fufiliers chacun, les Grenadiers compris, fe trouvent en bataille après avoir égalifé leurs pelotons & leurs piquets à huit files & laiffé derrière eux un peloton de quarante-fix Soldats furnuméraires.

B, B....   Terrein fur lequel les premières divifions   66. des deux bataillons, compofées des premier, troifième & cinquième pelotons fe portent au 3.e commandement; favoir, celle du bataillon de la droite en faifant quinze pas redoublés, & celle du bataillon de la gauche en faifant feulement dix pas redoublés; après quoi ayant fait à gauche & à droite, elles viennent le long du front du bataillon pour fe placer l'une derrière, l'autre vis-à-vis le centre de l'intervalle de ces bataillons, & faifant face en tête, marchent dix pas en avant.

Les deuxièmes divifions compofées des feptième, huitième & fixième pelotons font le même mouvement en partant après que leur dernière file a été découverte par la première divifion, & font face en tête dès qu'elles fe trouvent placées derrière les deux précédentes.

C, C....   A l'égard des troifièmes divifions compofées des quatrième & deuxième pelotons joints au piquet, celle du bataillon de la droite fait cinq pas ordinaires en avant aussi-tôt que la première file de la deuxième division du même bataillon arrive vis-à-vis la gauche du piquet, celle du bataillon de la gauche fait en même temps à droite sans sortir de son alignement, & elles marchent toutes deux jusqu'à ce qu'étant parvenues à la queue de la colonne, elles font face en tête.

D........ Colonne divisée en trois sections de six pelotons chacune, dont trois de front, faisant en tout vingt-quatre files & trente-six rangs.

Nota. Les Officiers & Sergens de serre-file des premier, troisième & cinquième pelotons du bataillon de la droite devront se mettre à la tête de ces pelotons au premier commandement, ceux de la tête du piquet & des deuxième & quatrième pelotons du bataillon de la gauche passeront en serre-file au même commandement; à l'égard des autres divisions leurs Officiers & Sergens ne quitteront leur place que quand ils arriveront sur l'alignement des flancs de la colonne où ils se partageront également, & s'ils se trouvent en plus grand nombre que la colonne n'a de files, le surplus se placera derrière la colonne en serre-file.

PLANCHE XVIII.

Repréſentant la colonne de retraite de deux bataillons.

A, A... TERREIN sur lequel les deux bataillons étoient en bataille sur six rangs.   71 & 72.

B........ Piquet du bataillon de la droite qui a fait trois pas en avant au 3.ᵉ commandement.

Compagnie

C........ Compagnie de Grenadiers qui, au même commandement, a fait six pas en avant, & ensuite à gauche, & au 5.ᵉ commandement a marché par son flanc gauche pour venir se placer devant le piquet du même bataillon où il a fait face en tête par un à droite.

D........ Piquet du bataillon de la gauche qui ayant fait demi-tour à droite au 3.ᵉ commandement est parti au 5.ᵉ, & est venu au pas redoublé se placer par deux quarts de conversion vis-à-vis du piquet du bataillon de la droite, à la distance nécessaire pour que la colonne se forme entr'eux, & a fait face en dehors par un autre demi-tour à droite.

E, E..... Sept pelotons de chacun des deux bataillons qui ayant fait demi-tour à droite au 3.ᵉ commandement, partent au 5.ᵉ pour faire un quart de conversion à droite & à gauche, lequel étant achevé ils marchent les uns vers les autres jusqu'à ce que leur dernier rang soit aligné sur la file extérieure de leurs deuxièmes pelotons qui, n'ayant bougé au 3.ᵉ commandement, doivent faire à gauche & à droite lorsque les autres ont achevé leur quart de conversion, & marcher pour se joindre derrière le piquet du bataillon de la droite où ils font face en tête, excepté les deux dernières files qui font face sur les flancs de la colonne.

F........ Compagnie de Grenadiers du bataillon de la gauche qui ayant fait demi-tour à droite, & le quart de conversion avec les pelotons du même bataillon, s'en est détachée par le pas oblique à droite & est

venu se placer derrière son piquet par un
quart de conversion à gauche, où elle fait
face en dehors par un demi-tour à droite.

71 & 72.

G, G....   Tambours qui doivent aussi faire demi-
tour à droite au 3.ᵉ commandement &
partir au 5.ᵉ pour prendre les devans des
pelotons qui font le quart de conversion,
afin de se distribuer dans le centre de la
colonne, à l'exception de deux qui doivent
rester en dehors sur les flancs de la colonne,
& de ceux des piquets & des Grenadiers
qui restent à leur troupe.

PLANCHE XIX.

Représentant les différens feux.

1.ʳᵉ Figure.   FEU de section par l'arrangement dùquel
on voit que les deux sections du centre du
bataillon faisant haut les armes à un temps
l'une de l'autre, chacune des deuxièmes
sections des pelotons, fait le même mouvement le second temps d'après celle qui
l'avoisine, & que les premières sections des
pelotons suivent entr'elles le même ordre,
celle du septième peloton faisant haut les
armes un temps après la section droite du
piquet, de forte que toutes les sections font
feu successivement d'un temps à l'autre sans
aucune interruption, même en recommen-
çant; celle qui a tiré la première ayant
l'intervalle des seize temps nécessaires pour
recharger, & faire haut les armes le temps
d'après que la première section du premier
peloton a fait feu.

75.

2.ᵐᵉ Figure.   Feu de pelotons, suivant lequel tous les
feux commençant par les pelotons du centre,

76.

& continuant fucceffivement jufqu'aux aîles du bataillon, partent à deux temps les uns des autres, & le feptième peloton peut recommencer de faire haut les armes le temps d'après que les Grenadiers ont fait feu, ayant eu feize temps pour recharger.

76.

3.me Figure.

Feu de quart de rang à fubftituer à celui de tiers de rang. Toutes les divifions y font fucceffivement haut les armes quand la précédente fait feu, mais le quart de rang du centre de la droite ne peut recommencer de faire haut les armes que deux temps après que le piquet a fait feu.

Nota. *L'augmentation des pelotons ne change rien à l'ordre établi par l'Ordonnance pour le feu de demi-rang.*

77.

On obfervera que ce qui eft établi par l'Ordonnance, au titre du Maniement des Armes, de l'intervalle qui doit être mis entre les commandemens, ne peut avoir lieu dans l'exercice des feux qui doit fe faire plus promptement, & où chaque commandement & fon exécution ne doivent pas excéder la durée d'une feconde.

33.

12.